¿Pourquoi? ¿Comment?
GALLIMARD JEUNESSE

Dauphins et autres cétacés

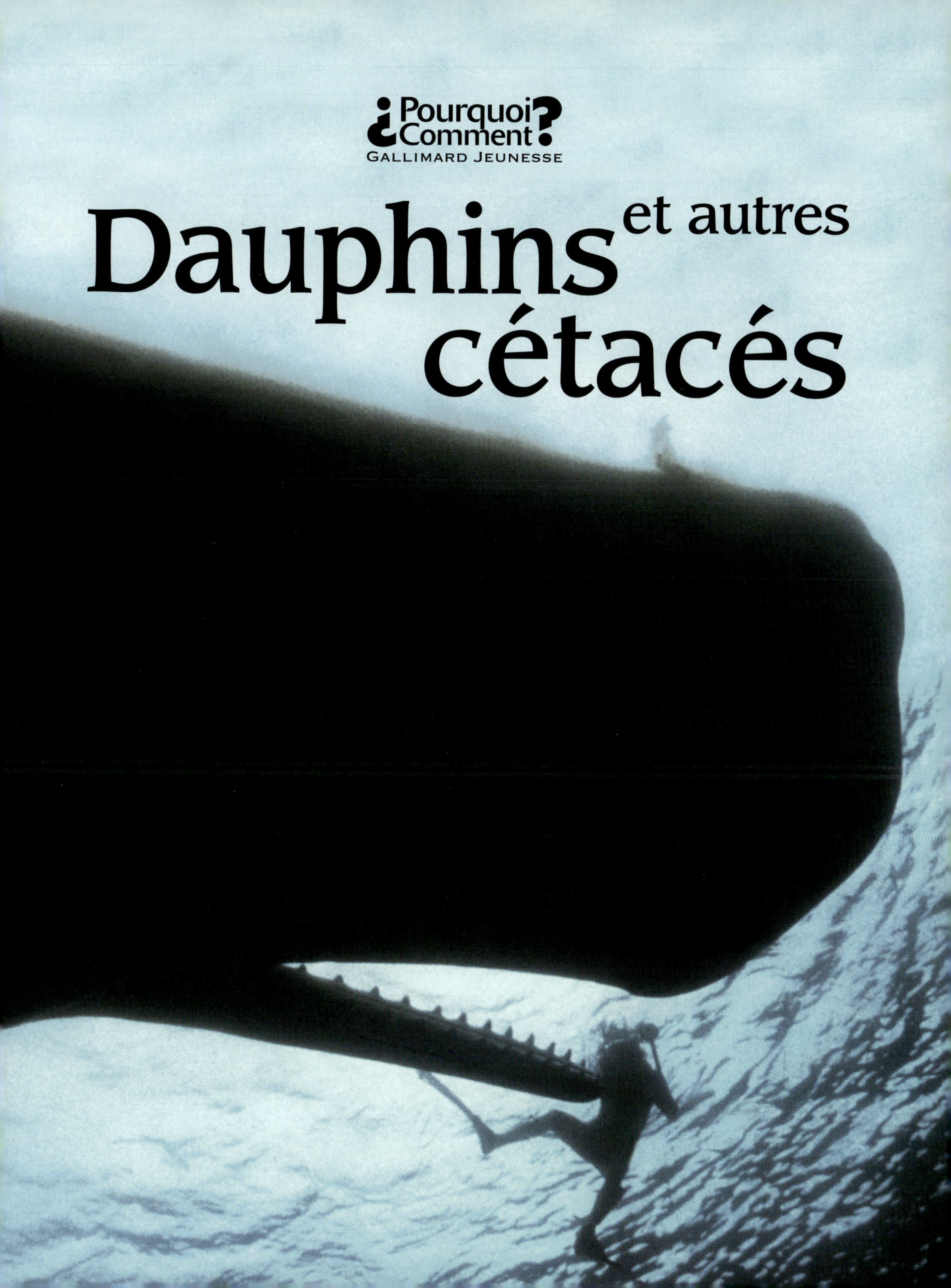

Édition originale publiée en Grande-Bretagne en 2003
par Dorling Kindersley Limited, sous le titre :
Eye Wonder : Dolphins & Whales

Responsable éditorial Thomas Dartige
Suivi éditorial Éric Pierrat

Réalisation de l'édition française
ML ÉDITIONS, Paris, sous la direction
de Michel Langrognet
Traduction Sylvie Deraime
Suivi éditorial Anne Papazoglou-Obermeister
Correction Christiane Keukens-Poirier

Couverture Raymond Stoffel et Aubin Leray
Photogravure de couverture Mirascan

ISBN : 2-07-057276-5

Loi n° 49-956 du 16 juillet 1949
sur les publications destinées à la jeunesse.
Dépôt légal : décembre 2005
Numéro d'édition : 138081

Imprimé par LEGO en Italie

Sommaire

Un mammifère, pas un poisson

Tous les animaux figurant sur ces pages sont à l'aise dans l'eau, mais ce ne sont pas des poissons. Ce sont des mammifères, tout comme nous. Ils ont des poumons, non des branchies, et doivent remonter à la surface pour respirer.

Respire

Les baleines et le dauphins n'inspirent pc l'air par la bouche mais pc un évent, un trou situé sur l dessus de leur têt

Du bon lait !

Le bébé lion de mer, comme tous les mammifères, tète sa mère. Les mamelles de celle-ci sont cachées dans les replis du ventre. Son lait est riche ; il contient environ 50 % de matière grasse.

Le lait de baleine est environ dix fois plus riche que celui d'une vache.

De la graisse pour avoir chaud

Pour se protéger du froid des eaux polaires, baleines, dauphins et phoques ont sous la peau une épaisse couche de graisse isolante.

Le lait du lion de mer a la consistance de la mayonnaise. Le petit est allaité pendant un an.

Sa fourrure blanche camoufle le bébé phoque.

D'utiles moustaches

Phoques et otaries ont des moustaches sensibles, les vibrisses, qui les aident à trouver leur nourriture sous l'eau, sans qu'ils aient besoin de s'arrêter de nager.

Lorsqu'il plonge, le phoque expulse tout l'air de ses poumons.

Respirer

Parce qu'ils sont des mammifères, baleines, dauphins et phoques doivent tous remonter à la surface pour prendre de l'air. Selon les espèces, ils peuvent ensuite rester sous l'eau de quelques minutes à près de deux heures.

Certaines espèces plongent à plus de 900 m de profondeur.

Des muscles puissants ferment l'évent avant que l'animal ne plonge.

Un trou…

L'air pénètre dans les poumons du cétacé par l'évent, un orifice musculeux situé sur le dessus de la tête. Les cétacés à dents tels que les orques, les dauphins et les bélougas, ont un seul évent…

… ou deux

Les cétacés à fanons, comme la baleine à bosse, ont deux évents. La peau entourant l'évent est très sensible : dès que l'évent est à l'air libre, la baleine le sent et peut l'ouvrir.

Poumons vides

Les phoques et les otaries ont une autre technique : au moment de plonger, ils expirent, ferment leurs narines et bloquent leur trachée-artère. Ils plongent les poumons vides. L'oxygène emmagasiné dans leur système sanguin est suffisant pour alimenter leur cerveau et leurs muscles.

Un phoque peut rester sous l'eau environ 70 min.

À retenir

- La baleine à bosse peut retenir sa respiration pendant 30 min mais, habituellement, elle fait surface toutes les 4 à 10 min.
- Le cachalot peut rester en apnée jusqu'à 70 min.

« Là ! il souffle ! »

Lorsqu'un cétacé fait surface, il expire rapidement, produisant un « souffle », un jet d'air humide et d'eau de mer. Ce jet peut atteindre 4 m de haut chez les plus gros cétacés : on le voit à plusieurs kilomètres de distance.

Au XIXe siècle, les chasseurs de baleines identifiaient les espèces de cétacés à la hauteur et à la direction de leur souffle.

Des nageurs rapides

Propulsés par leur queue, les cétacés sont les sprinters des océans. À la différence des mammifères terrestres, leurs corps ont tous la même forme : la plus adaptée au déplacement dans l'eau.

Sa nageoire dorsale évite à l'orque de se retourner.

Les dauphins forment des groupes comptant jusqu'à 1 000 animaux. Pour éviter les collisions, ils virent sans cesse de bord !

De grands joueurs

Les dauphins adorent surfer à l'avant des bateaux ou nager dans leur sillage d'écume. Ils se bousculent pour avoir la meilleure place.

Bâtis pour la course

Les orques sont les mammifères marins les plus rapides. La plupart des cétacés, dauphins ou baleines, sont d'excellents nageurs. Leur corps oblong et fuselé est fait pour fendre l'eau.

Le cou est court et raide pour nager plus vite.

La forme du bec varie d'une espèce à l'autre. Certains cétacés n'ont pas du tout de bec.

Les nageoires pectorales, ou antérieures, servent à changer de direction.

Le corps fuselé du cétacé est taillé pour la nage.

Le cou raide ?

Certains cétacés, comme l'orque, ne peuvent pas tourner la tête, car les os de leur cou sont soudés. C'est une adaptation à la vie marine qui permet à l'animal de nager très vite.

Un coup à droite, un coup à gauche...

Les larges nageoires pectorales servent à contrôler la nage. Ce dauphin chassant dans un banc de petits poissons démontre l'efficacité du procédé.

De haut en bas

Les cétacés avancent en bougeant la queue de haut en bas, alors que les poissons bougent la queue de droite à gauche.

Les muscles se contractent puis se relâchent pour faire bouger la queue.

Une queue géante

La queue des cétacés est constituée de deux volets reliés en son centre. À la différence de celle des poissons, elle est horizontale. Elle sert de « propulseur » à l'animal.

Quel bond !

L'incroyable puissance des muscles de la queue permet à la plupart des cétacés de se propulser complètement hors de l'eau.

Écoutez-moi !

Parfois, les baleines frappent la surface d l'eau avec leur queue Les scientifiques pensent que c'est pour elles un moyen de communiquer.

La peau d'un cétacé est lisse, molle et élastique, comme un œuf dur.

Comme les ailes d'un avion

Les volets de la queue sont plus épais sur l'avant que sur l'arrière, exactement comme les ailes d'un avion. Ainsi, les cétacés glissent mieux dans l'eau.

L'empreinte de la queue

Les baleines à bosse ont des taches distinctives sous la queue, qui varient d'un individu à l'autre, ce qui permet aux scientifiques de les identifier.

Admirez la queue de ce rorqual bleu : elle est parfaitement hydrodynamique.

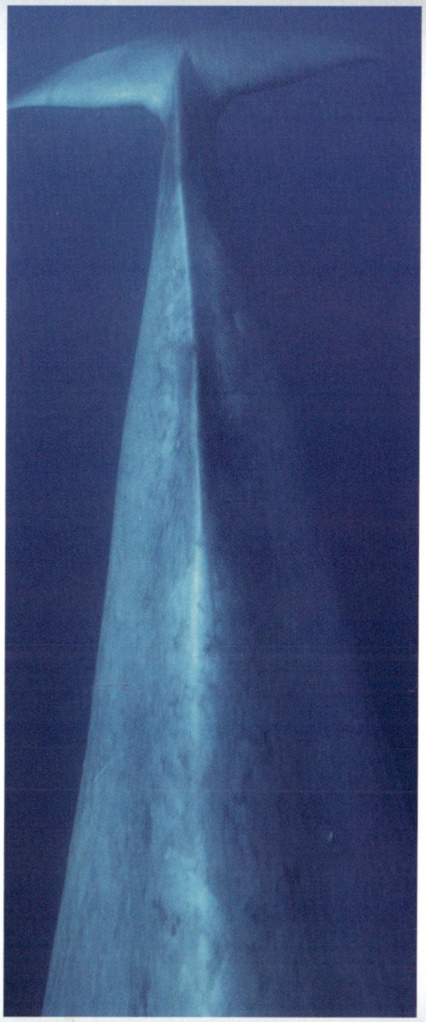

La queue est parcourue de nombreux vaisseaux sanguins, qui aident le cétacé à se rafraîchir quand il a trop chaud.

Tout en muscles

Le dernier tiers du corps est presque totalement composé de muscles, attachés à la colonne vertébrale.

Bondissants dauphins

Le spectacle des dauphins bondissant hors de l'eau est toujours fascinant. Ces cétacés, généralement très amicaux envers l'homme, sont parfois aussi incroyablement curieux. On en connaît vingt-six sortes, ou espèces, que l'on peut différencier grâce à leurs taches.

Lorsqu'ils sautent hors de l'eau, les dauphins en profitent pour respirer, mais continuent à nager. On dit qu'ils « marsouinent ».

Les dauphins souffleurs font des bonds de plusieurs mètres.

L'ami des hommes

Les dauphins souffleurs comptent parmi les dauphins les mieux connus. Il existe de nombreuses histoires de sauvetages d'hommes par des souffleurs.

Un marsouin, pas un dauphin

Il existe six espèces de marsouins – ici, le marsouin commun. Les marsouins sont très timides et plutôt solitaires, à la différence des dauphins. Ils ont un museau court, sans bec.

Avez-vous vu mes taches ?

Les dauphins tachetés naissent… sans taches. Elles se développent à mesure que les animaux grandissent, apparaissant d'abord sur le ventre quand ils sont petits.

Le plus long bec

Les dauphins d'eau douce au bec très long peuvent tourner la tête, à la différence des autres cétacés. C'est bien utile pour trouver à manger dans la vase.

Les dauphins d'eau douce ont de tout petits yeux. Ils s'orientent par écholocation.

Marqué à vie

Facile de reconnaître un dauphin de Risso ! Il est couvert de cicatrices blanches, provoquées par les combats avec ses semblables.

Le dauphin de Risso est l'un des rares dauphins sans bec.

Des dents

Parmi les cétacés, certains ont des dents, d'autres pas (ce sont les cétacés à fanons). Les cétacés à dents, ou odontocètes, comme les cachalots ou les dauphins, ont des dents très simples, en forme de cône un peu recourbé, toutes pareilles.

Une dent de cachalot pèse jusqu'à 1 kg : c'est plus de deux fois le poids de ce livre !

Le souffleur a entre 76 et 100 dents sur les mâchoires supérieure et inférieure.

Toutes ses dents ?
Les dauphins n'ont qu'une rangée de dents sur chaque mâchoire. Elles sont permanentes : s'ils perdent une dent, elle n'est pas remplacée.

À qui sont ces dents ?

Ces dents impressionnantes sont celles d'un cachalot adulte. Elles atteignent jusqu'à 20 cm de long.

Le cachalot n'a de dents que sur la mâchoire du bas.

Je t'avale tout rond

Les phoques et les otaries se servent de leurs dents pour attraper leur proie sous l'eau, mais ils l'avalent sans la mâcher.

En se refermant, les dents du phoque crabier forment un tamis qui filtre le krill contenu dans l'eau.

Des dents différentes

Tout comme nous, les phoques et les otaries ont plusieurs types de dents. Ce phoque crabier découvre ses incisives, ses canine, ses molaires et ses prémolaires dentelées.

Quel âge ?

On peut déterminer l'âge de certains cétacés et pinnipèdes en examinant une coupe de leurs dents. C'est comme pour un arbre : chaque année, un anneau s'ajoute.

Des fanons

Certains des plus gros cétacés, les baleines, n'ont pas de dents. Ils filtrent leur nourriture au moyen d'espèces de brosses à franges, appelées fanons, qui sont fixées sur leur mâchoire supérieure.

Petites proies pour gros appétit
Les énormes cétacés à fanons, ou baleines, mangent des petits animaux semblables à des crevettes, pas plus grands que ton doigt, que l'on appelle krill.

Un fanon de baleine à bosse mesure environ 1 m de long.

À gorge déployée
Les sillons qu'ont sous la gorge certains filtreurs permettent à la bouche et à la gorge d'augmenter en volume pour engouffrer des tonnes d'eau.

Une énorme gorgée d'eau pleine de krill… la baleine recrache l'eau et avale le krill !

Les baleines à bosse pêchent en groupe.

Une grosse brosse

Plusieurs rangs de fanons tapissent le palais. Leurs filaments durs servent de filtre.

Un filet de bulles

En soufflant de l'air, la baleine à bosse fabrique un filet de bulles qui piège les poissons et le krill.

Une baleine à bosse possède jusqu'à 800 fanons.

Chaque baleine à bosse a entre 10 et 36 sillons jugulaires.

À retenir

- Avant leur naissance, les cétacés à fanons ont des ébauches de dents, qui ne deviennent jamais de vraies dents.
- Les fanons sont constitués de kératine, comme nos ongles.
- Comme nos ongles, les fanons poussent sans cesse.

Vie de famille

Les cétacés adultes sont des parents attentifs à la sécurité de leurs petits. Beaucoup se déplacent en bande dont les membres entretiennent des liens familiaux étroits et se nourrissent en groupe.

Les mères cachalots et leurs jeunes forment de grands groupes.

Des petits bien gardés
Les cachalots femelles se rassemblent avec leurs jeunes, qu'elles gardent auprès d'elles jusqu'à l'âge de dix ans. Lorsqu'une mère plonge pour pêcher, une autre femelle veille sur son petit, le protégeant ainsi des requins et des orques.

Solidaires
Les orques d'une même bande sont liées pour la vie. Elles chassent ensemble, partageant les proies. Chacune s'occupe des petits des autres comme des blessés ou des malades.

Un bon départ

Le baleineau à bosse passe ses premiers mois dans des eaux chaudes et peu profondes. Il se nourrit du lait riche de sa mère.

À retenir

- Le baleineau à bosse grandit très vite, jusqu'à 50 cm par mois.
- Si un bébé dauphin s'éloigne trop de sa mère, celle-ci le « punit » en l'emprisonnant quelques secondes entre ses nageoires.

Les petits cachalots tètent leur mère pendant plus de deux ans.

Les cachalots peuvent vivre 70 ans.

À la naissance, c'est la queue du petit cachalot qui sort en premier.

Jamais loin de ma mère

Le dauphin femelle s'occupe de son petit pendant un an et demi. Pendant tout ce temps, le petit reste très près d'elle.

De tous les cétacés, c'est la baleine à bosse qui a les plus longues nageoires.

Communiquer

Écoutez une bande de cétacés : vous entendrez un concert de cliquetis et de sifflements. C'est leur manière de « parler ». Ils en utilisent d'autres.

Je suis là !
Frapper la surface de l'eau avec la nageoire est une bonne manière d'attirer l'attention... surtout si cette nageoire est celle d'une baleine à bosse.

Pour se soulever, la baleine mobilise une force colossale.

Saut périlleux
De temps à autre, les baleines se propulsent hors de l'eau, puis se laissent retomber sur le dos. Certains pensent que c'est encore un moyen de communiquer.

Le renflement épais sur la tête du dauphin sert à produire des cliquetis.

Explosion de bulles

Les bulles signalent que cette baleine à bosse mâle a trouvé une femelle. Les mâles de l'espèce chantent aussi, sans doute pour trouver plus facilement une partenaire.

Grosse dispute

Il n'est pas rare de voir deux dauphins « discuter » face à face, bouches ouvertes. Une telle attitude signifie généralement qu'ils se disputent.

Ces sons aident le dauphin à repérer les choses. C'est l'écholocation.

Je t'ai vu

Certains cétacés se dressent lentement à la surface pour observer les alentours. Cette habitude démontre la curiosité qu'ont beaucoup de cétacés à l'égard du monde d'« au-dessus ».

Baleine dans l'espace

En 1977, la sonde spatiale Voyager emportait un enregistrement de chants des baleines pour d'éventuels extraterrestres. Ces chants sont les plus complexes du règne animal.

En route !

De nombreux cétacés voyagent – migrent – pour trouver de la nourriture ou un partenaire. Certains parcourent des milliers de kilomètres, comme le montre cette carte.

Quelle direction ?

Les cétacés se dirigent grâce aux courants marins, au champ magnétique terrestre, aux fonds marins et à la position du Soleil.

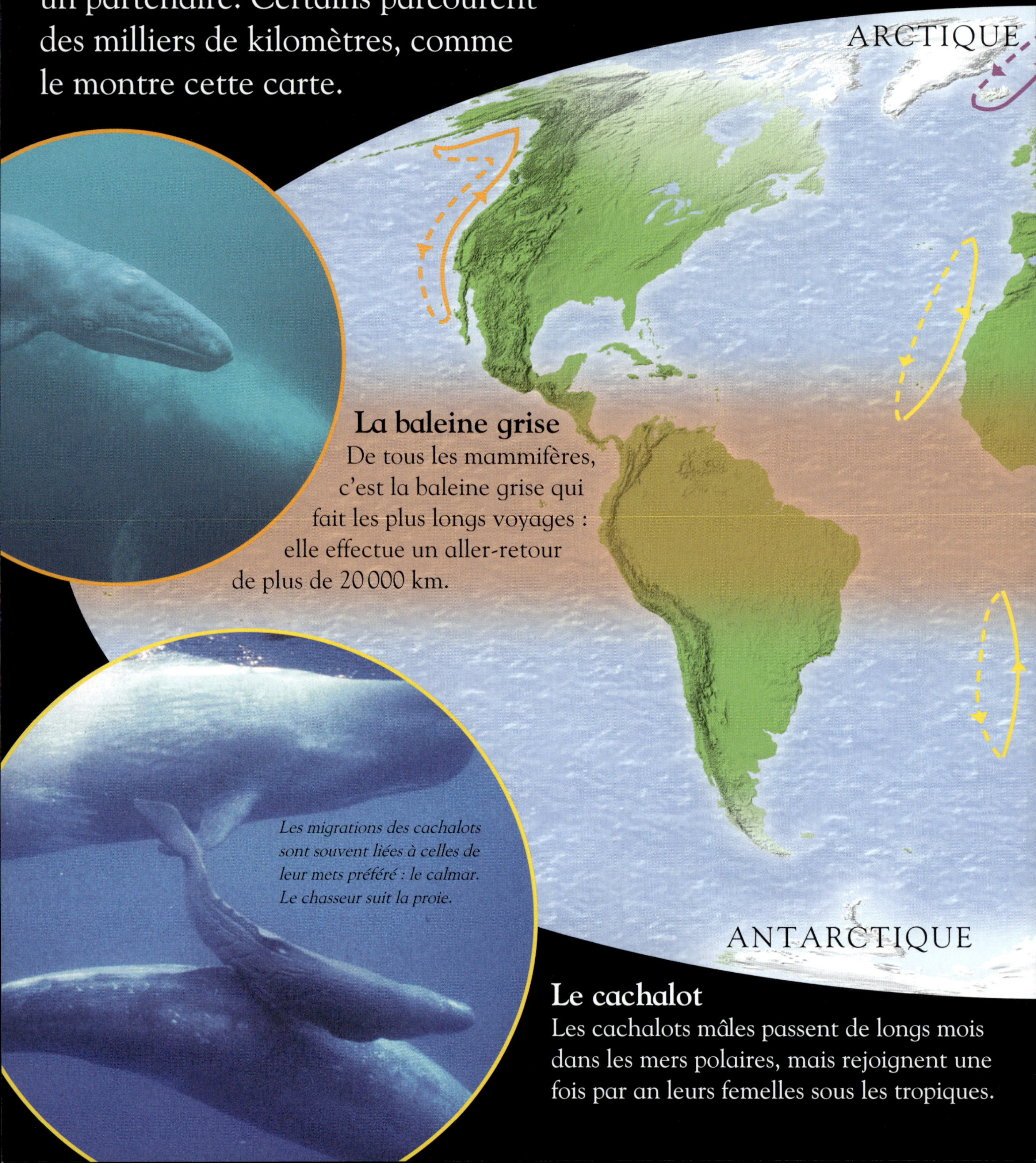

La baleine grise

De tous les mammifères, c'est la baleine grise qui fait les plus longs voyages : elle effectue un aller-retour de plus de 20 000 km.

Les migrations des cachalots sont souvent liées à celles de leur mets préféré : le calmar. Le chasseur suit la proie.

Le cachalot

Les cachalots mâles passent de longs mois dans les mers polaires, mais rejoignent une fois par an leurs femelles sous les tropiques.

Le narval

Le narval vit dans l'océan Arctique. Il se déplace en fonction de la progression ou du recul de la banquise, au fil des saisons.

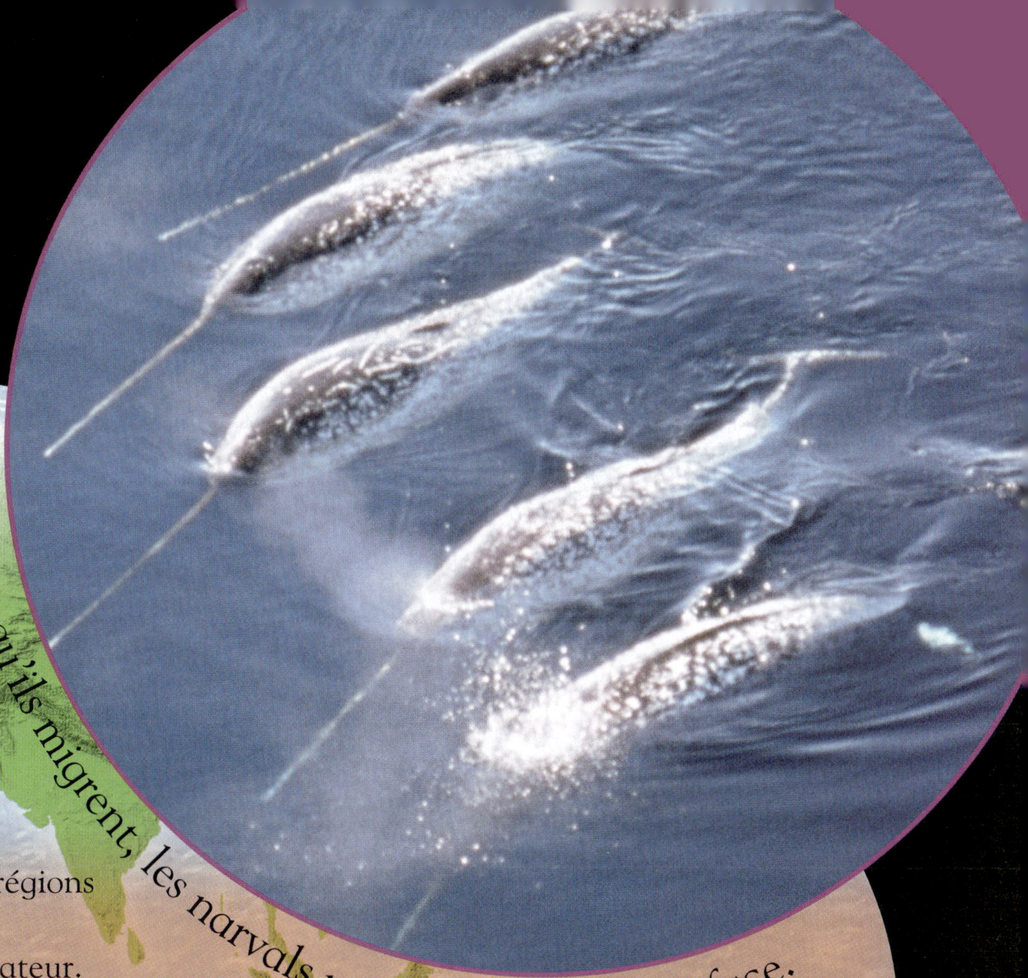

Lorsqu'ils migrent, les narvals nagent près de la surface.

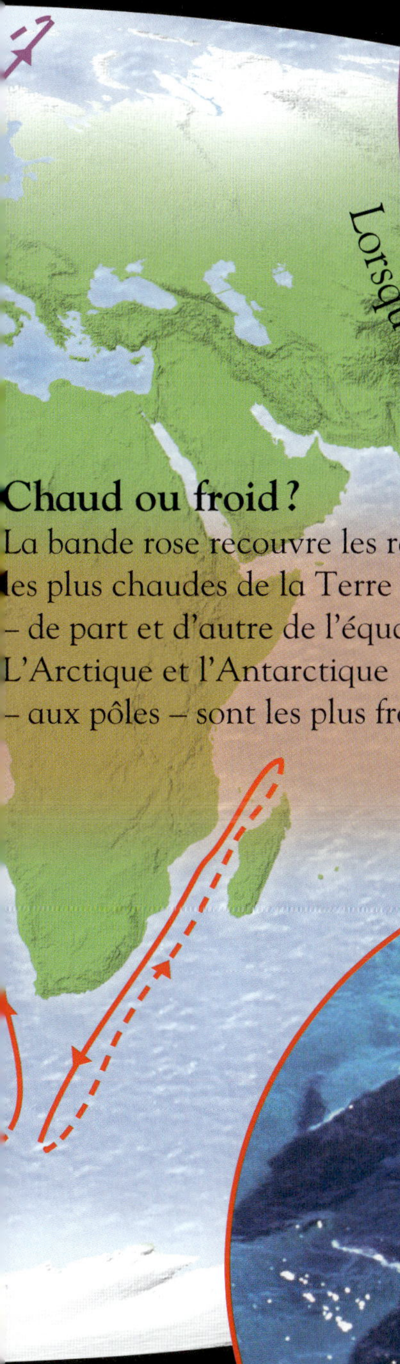

Chaud ou froid ?

La bande rose recouvre les régions les plus chaudes de la Terre – de part et d'autre de l'équateur. L'Arctique et l'Antarctique – aux pôles – sont les plus froides.

Quand ils migrent, les cétacés peuvent ne pas manger pendant trois, quatre, voire cinq mois.

La baleine à bosse

La baleine à bosse parcourt d'incroyables distances. Elle se nourrit dans les mers polaires et gagne des eaux plus chaudes pour se reproduire et mettre bas.

Les os des mâchoires d'une baleine sont bien plus grands que ceux d'un cétacé à dents.

Jonas et la baleine

La Bible raconte l'histoire de Jonas, enfermé trois jours dans le ventre d'une baleine. Un adulte pourrait en effet tenir dans l'estomac d'une baleine, mais il n'y survivrait pas !

Quel monstre !
Ces os de mâchoires d'un rorqual bleu forment une imposante arche à l'entrée d'un musée de la pêche de la Nouvelle-Écosse, au Canada.

Le squelette

Les os des cétacés sont plus poreux que les nôtres et contiennent une grande quantité d'huile. Comme l'huile flotte sur l'eau, cela contribue à la flottabilité des animaux.

À retenir

- Les squelettes de cétacés exposés dans les musées permettent de se rendre compte de la taille de ces animaux.
- Les os ne peuvent supporter le poids du cétacé : c'est l'eau qui porte l'animal.
- En séchant, les os de cétacés dégagent une forte odeur due à l'huile qu'ils contiennent.

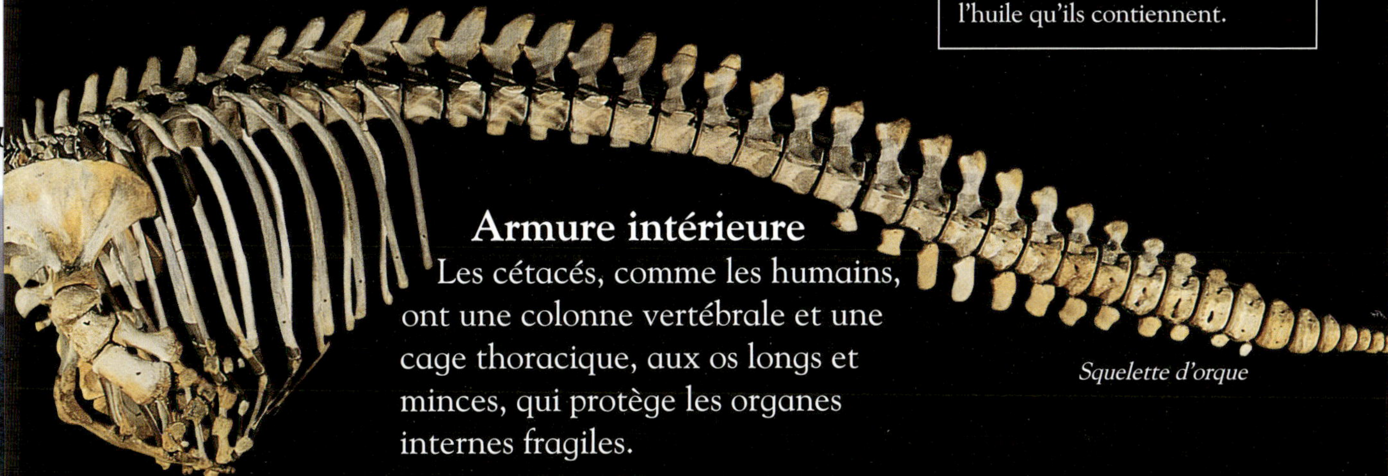

Squelette d'orque

Armure intérieure

Les cétacés, comme les humains, ont une colonne vertébrale et une cage thoracique, aux os longs et minces, qui protège les organes internes fragiles.

Serait-ce un chien ?

Le squelette des pinnipèdes ressemble fort à celui d'un chien : même les nageoires postérieures ressemblent à des pattes !

Squelette d'éléphant de mer

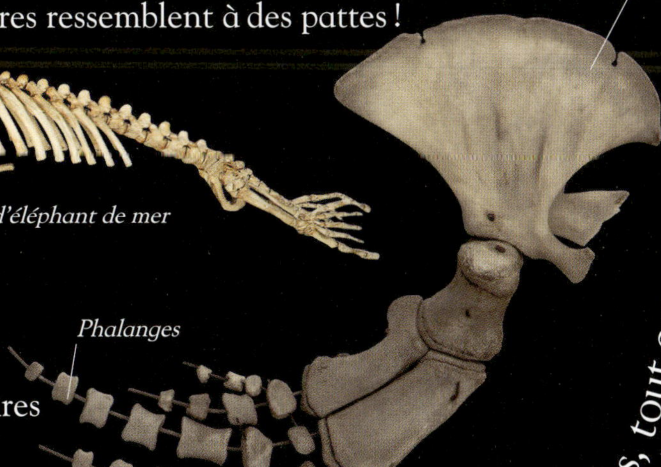

D'efficaces nageoires

Les os des nageoires des cétacés sont courts et résistants.

Les cétacés ont des phalanges, tout comme nous.

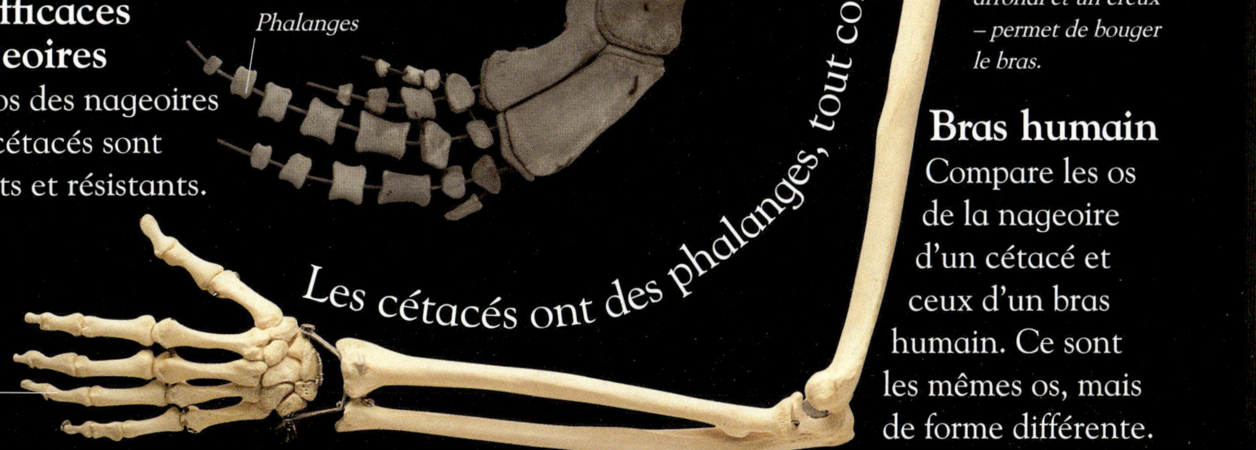

Bras humain

Compare les os de la nageoire d'un cétacé et ceux d'un bras humain. Ce sont les mêmes os, mais de forme différente.

Champions de plongée

Les cachalots sont d'incroyables plongeurs. Après avoir inspiré de l'air, ils piquent vers les fonds océaniques en quête de calmars géants. Un mâle adulte ingurgite jusqu'à 1 t de nourriture par jour.

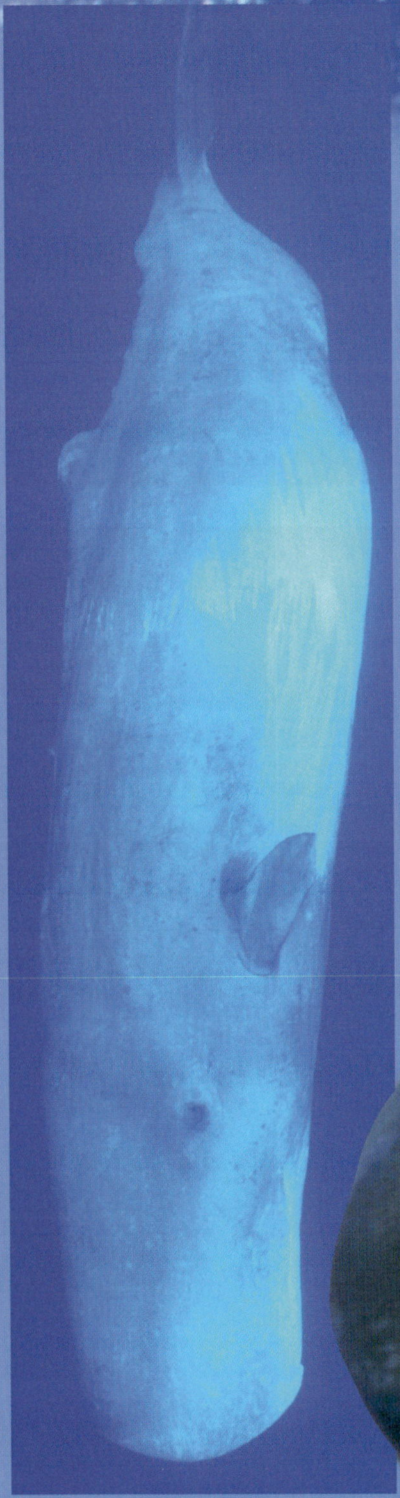

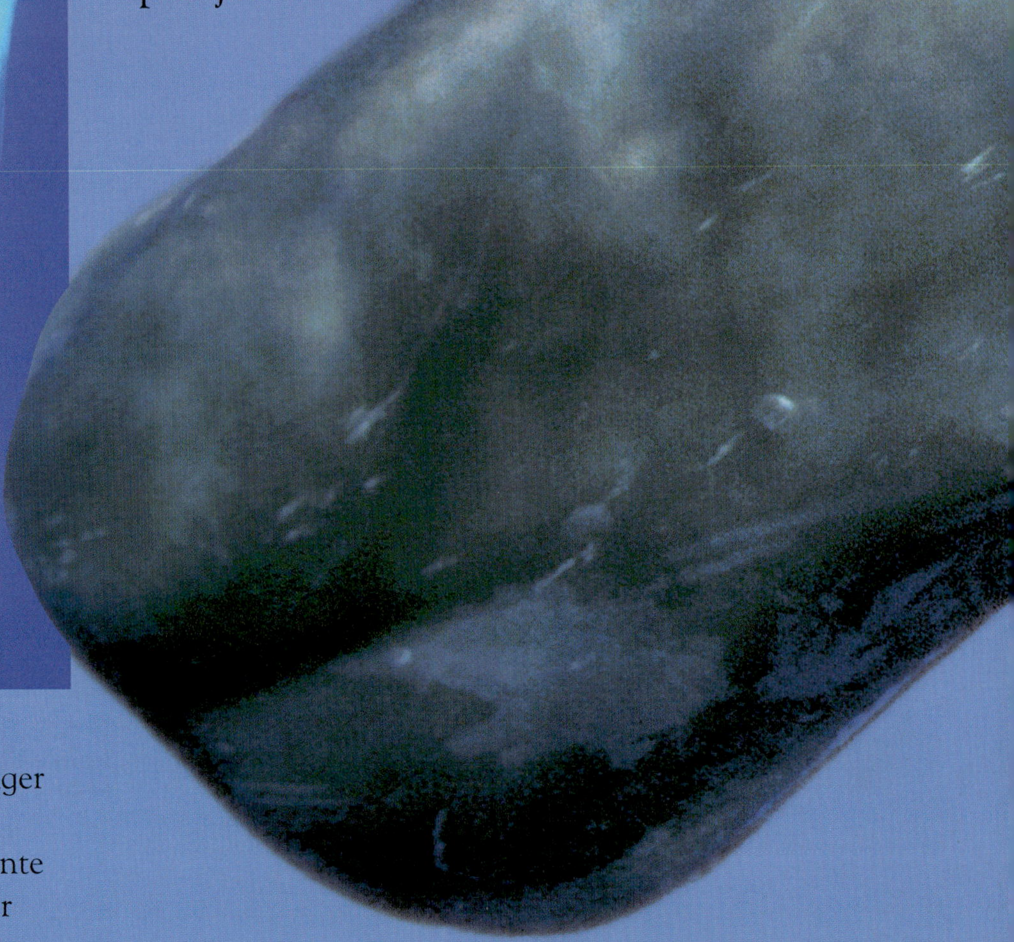

Descente
Un cachalot peut plonger jusqu'à 2 500 m de profondeur. Il se contente plus souvent de chasser à environ 360 m.

Un cachalot adulte peut retenir son souffle pendant 70 min environ.

Une grosse tête !

L'énorme tête du cachalot est remplie d'huile : elle en contient 1 900 l ! C'est pour cette huile qu'au XIXe siècle les hommes chassaient les cachalots, qui ont bien failli disparaître de la planète.

Le calmar géant mesure jusqu'à 19 m de long. Ses yeux sont grands comme des assiettes.

Calmar géant

La tête des cachalots est souvent couverte de cicatrices en forme de coquetier, dues aux ventouses des calmars géants.

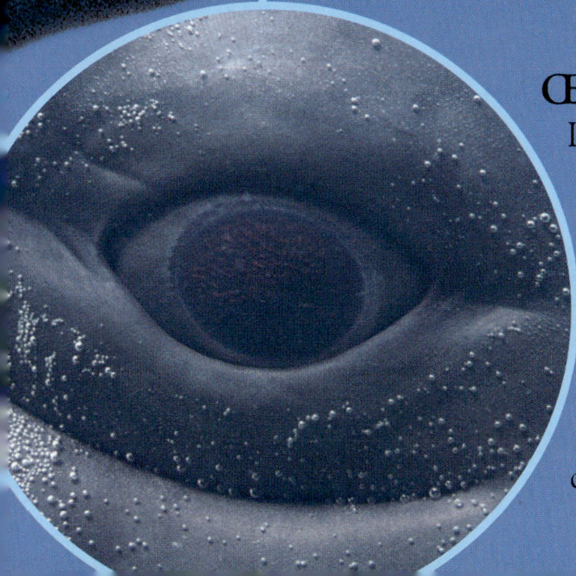

Œil espion

L'œil du cachalot est minuscule par rapport à son corps. Il n'en est pas moins connecté au cerveau le plus volumineux du règne animal.

Moby Dick

Moby Dick est le héros d'un passionnant roman d'Herman Melville. Dans le livre, ce cachalot blanc, très rare, est traqué par un marin qui a perdu sa jambe à cause de lui.

Un gentil géant

Voici le plus grand animal vivant aujourd'hui sur la planète : le rorqual bleu. Cet animal est si énorme qu'un éléphant mâle (le plus grand animal terrestre) tiendrait sur sa langue. En comparaison, les autres baleines paraissent toutes petites…

À retenir

- Les rorquals bleus peuvent vivre jusqu'à 80 ans.
- Le rorqual bleu adulte est protégé par une couche de graisse dont l'épaisseur est égale à la largeur de ce livre ouvert.
- Le rorqual bleu nage dix fois plus vite que tu ne marches.

Grand comment ?

Tout est colossal chez le rorqual bleu. Ses nageoires s'étendraient du sol au plafond de ta chambre. Son cœur est gros comme une petite voiture.

Quel ogre !

À la naissance, le rorqual bleu pèse mille fois le poids d'un bébé humain. Il avale environ 200 l de lait maternel par jour. Il lui faut bien cela : chaque jour, il grossit d'un poids équivalent à celui de six enfants de cinq ans !

Le rorqual bleu peut mesurer

Victime d'un requin

Le rorqual bleu a beau être énorme, cela n'empêche pas les requins et les orques de l'attaquer. Celui-ci a perdu un morceau de queue.

Le rorqual bleu – que l'on appelle aussi baleine bleue – est un cétacé à fanons. Il engouffre d'énormes gorgées d'eau de mer pour piéger petits poissons et krill.

Une grande bouche

La bouche du rorqual bleu est impressionnante. De 55 à 70 sillons – des replis de peau – courent sous sa gorge jusqu'au milieu de son corps. Ils se déplient lorsque l'animal engloutit son repas.

jusqu'à 27 m et peser le poids de 26 éléphants mâles.

Les algues accrochées au ventre du rorqual bleu lui donnent une couleur jaune, proche de celle du soufre.

Une graisse protectrice

Le morse, obèse, si maladroit à terre, est parfaitement adapté à la vie marine. Une épaisse couche de graisse lui permet de vivre dans les eaux glacées de l'Arctique.

Gare à toi !
Les mâles adultes se battent pour obtenir une bonne place auprès des femelles. Mais les blessures ne sont jamais très graves.

Vive l'eau !
Le morse adore l'eau. Il se propulse avec ses nageoires postérieures et se dirige avec les antérieures.

Les défenses du morse sont de très longues canines.

Les défenses peuvent atteindre 1 m de long.

Blottissons-nous

Les colonies de morses comptent plusieurs centaines d'animaux. C'est certes la bousculade pour trouver une place sur la plage, mais la foule tient chaud.

D'utiles défenses
Les femelles comme les mâles ont des défenses. Armes de combat, elles servent aussi à se hisser hors de l'eau.

Jeux aquatiques

Ces mammifères marins sont des pinnipèdes. S'ils viennent à terre se reposer et mettre bas, ils sont plus à l'aise dans l'eau, où ils se livrent à de gracieuses acrobaties.

Les phoques se propulsent avec leurs nageoires postérieures.

Les courtes nageoires antérieures servent à se diriger.

Les nageoires antérieures des otaries sont plus longues que celles des phoques.

Phoque ou otarie ?

Les phoques, les otaries et les morses sont des pinnipèdes. Les phoques se distinguent des otaries par l'absence d'oreilles externes.

Vous avez dit otarie ?

Les otaries, tel ce lion de mer, ont de petites oreilles externes. Avec leurs nageoires antérieures qui se replient, les otaries se déplacent aisément sur terre et peuvent se redresser.

Les pinnipèdes aiment jouer. C'est une bonne façon d'apprendre.

Séparation

Le phoque du Groenland triple son poids dans les douze jours suivant sa naissance. Sa mère peut alors le quitter. À un mois, sa fourrure blanche est remplacée par une fourrure argentée.

Dans l'eau, il est facile de confondre un phoque et un homme. C'est la source de nombreuses légendes sur des phoques devenant hommes.

Qui est le plus gros ?

L'éléphant de mer est le plus gros pinnipède. Le mâle mesure jusqu'à 6 m et pèse plus de 3 t.

L'éléphant de mer mâle est près de dix fois plus lourd que la femelle.

Des vaches de mer

Ces animaux sont des dugongs et des lamantins. On les appelle aussi « vaches de mer », car ils broutent les herbes aquatiques. Ce sont les seuls mammifères marins végétariens.

Vivre en paix, simplement
Les lamantins ont une queue en forme de pagaie. Ils vivent dans des eaux chaudes et peu profondes, le long des côtes, dans les estuaires et les fleuves côtiers.

Marqué à vie
Très lents, les lamantins ne peuvent pas échapper aux hélices des bateaux. Beaucoup portent la marque de tels accidents, parfois mortels.

Des sirènes

Les histoires de sirènes racontées depuis des siècles par les marins auraient été inspirées par ces étranges vaches de mer.

Maman ! Je suis là !

Le lamantin femelle a un petit tous les deux ou trois ans. Le lien entre la mère et son petit est très étroit. Ils se touchent souvent avec la bouche, pour le renforcer.

Un gros appétit

Les vaches de mer mangent beaucoup : ces animaux ingurgitent l'équivalent du quart de leur poids par jour.

Le lamantin se sert de ses longues nageoires pour porter sa nourriture à sa bouche.

Lamantin ou dugong ?

Le dugong a une queue en croissant. C'est la principale différence visuelle entre dugong et lamantin.

Bizarres et merveilleux

Certains cétacés ont une étrange allure.
Le bélouga est un cétacé à dents, tout blanc.
On le surnomme « canari des mers »,
car il émet toutes sortes de sons : il aboie,
pépie, grogne, couine et meugle !

Une couleur changeante
À la naissance, le bélouga est bleu-gris. Il devient blanc vers six ans. Il vit dans les eaux glacées de l'Arctique, protégé par une couche de graisse aussi épaisse que la longueur de ta main.

La défense du narval

Avec sa longue défense, le narval mâle est facilement reconnaissable. Les femelles, elles, n'en ont pas. Les biologistes pensent que cette défense sert dans les combats entre mâles.

La défense du narval pousse en spirale, toujours dans le même sens. Elle peut atteindre 1 m de long et peser 10 kg.

Au microscope, les « poux » de baleine ressemblent à de petits crabes.

UN PEU DE MAGIE

Il y a environ six cents ans, des marins vendaient dans les ports des défenses de narval. Ils prétendaient qu'il s'agissait de cornes de licorne, aux propriétés magiques. Une coupe taillée dans celles-ci, par exemple, empêchait tout poison d'agir.

Tous à bord !

Des petits animaux vivent sur les cétacés. La peau des baleines est souvent incrustée de balanes et de « poux » qui se nourrissent de lambeaux de peau morte.

Une grosse baleine peut porter jusqu'à 450 kg de balanes !

D'autres nageurs

Les loutres de mer et les ours blancs sont des mammifères qui passent beaucoup de temps dans l'eau. À la différence des baleines et des dauphins, ces animaux peuvent aussi se déplacer sur la terre ferme.

Qu'y a-t-il au menu ?

Les loutres de mer trouvent dans les forêts d'algues géantes une nourriture variée : oursins, crabes, poissons, calmars et moules.

Les marins appelaient jadis la loutre de mer le « vieillard de la mer » à cause de ses moustaches blanches et de ses mimiques.

Les loutres de mer passent l'essentiel de leur vie dans l'eau.

Une fourrure très épaisse

La fourrure des loutres de mer est incroyablement dense, pour mieux leur tenir chaud. Sur un morceau grand comme un de tes ongles, il y a environ 100 000 poils : autant que de cheveux sur ta tête !

Les ours blancs sont capables de parcourir près de 100 km à la nage sans s'arrêter.

Cet ours blanc lance sa patte vers un renard arctique – un mammifère terrestre – qui file à toute vitesse.

Au chaud dans la neige

Avec ses poils creux conservant la chaleur et son épaisse couche de graisse, l'ours blanc ne sent pas le froid de l'Arctique. Ailleurs, il a vite trop chaud !

Ours nageur

Les ours blancs sont d'excellents nageurs. Ils ont même les pieds palmés. Leur nom savant signifie d'ailleurs « ours marin ».

Les loutres de mer passent beaucoup de temps sur le dos. Elles mangent et dorment dans cette position !

Les loutres s'amarrent aux algues géantes.

Cétacés en danger

Par le passé, les chasseurs de baleines ont pêché tant de cétacés que certaines espèces ont pratiquement disparu. La menace d'extinction est d'autant plus grande que les cétacés se reproduisent à un rythme très lent.

Un danger actuel

On ne chasse plus les cétacés à grande échelle, mais ces mammifères marins sont menacés par la pollution des mers. Ils souffrent des déversements de pétrole, des produits chimiques libérés par les usines. Ils sont aussi victimes des filets de pêche.

Prend-on encore des baleines ?

La plupart des pays ont renoncé à chasser les baleines, mais certains (le Japon, la Norvège et l'Islande) continuent à en tuer, en prétendant les étudier !

MASSACRE POUR UNE BROSSE

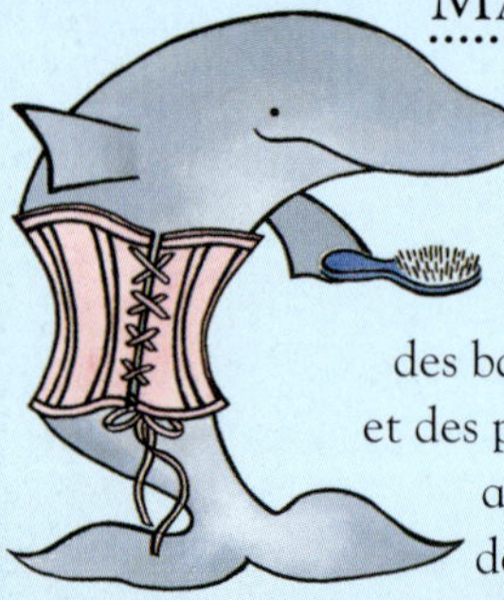

Au XIXe siècle et au début du XXe siècle, on utilisait les fanons des baleines pour fabriquer des brosses à cheveux, des peignes, des balais, et comme armature des corsets et des parapluies. Heureusement, le Nylon a remplacé les fanons, mais des milliers de baleines sont mortes.

Qu'est-il arrivé à la baleine du Groenland ?

Les baleines du Groenland ont été décimées au XIXe siècle. On les chassait en grande partie pour leurs fanons, qui peuvent atteindre plus de 3 m de long. La population actuelle est estimée à 7 000 individus, contre 30 000 vers 1850.

La baleine du Groenland a les plus longs fanons.

Lorsqu'un cétacé est pris dans un filet de pêche, il meurt noyé !

Sauvons les cétacés !

Les cétacés vivent sur cette planète depuis plus de 50 millions d'années : c'est dix fois plus de temps que les humains ! Nous voulons tous qu'ils y demeurent. Et nous pouvons les y aider.

Mieux se connaître aide à mieux se respecter !

Allons voir les baleines !
Certains aiment tant les baleines qu'ils veulent les voir de près. L'observation des baleines est devenue une activité touristique.

Un chemin vers la liberté
Ces baleines se sont fait piéger sous la banquise. Ces hommes dégagent pour elles un trou de respiration et une voie vers les eaux libres de glace.

Sans l'intervention des hommes, l'eau regèlerait très vite et le trou de respiration se fermerait.

L'émetteur envoie des informations à un satellite lorsque le bélouga fait surface. La fixation ne blesse pas l'animal.

Comment mieux les connaître ?

Il y a encore bien des choses que nous ignorons sur les cétacés. Les émetteurs satellites permettent de suivre les déplacements des animaux. Ils tombent au bout de quelques semaines.

Glossaire

Voici quelques définitions de mots utiles pour partir à la découverte des baleines et des dauphins

Bec Désigne le museau allongé qu'ont la plupart des cétacés.

Cétacé Nom scientifique général des mammifères marins à queue horizontale. Les baleines, les rorquals, les dauphins, les cachalots et les marsouins sont des cétacés.

Écholocation Technique utilisée par les dauphins et certaines baleines pour repérer leur nourriture ou les obstacles. Ils envoient des sons dans l'eau et décodent les informations rapportées par l'écho.

Espèce Groupe d'animaux ayant des traits communs que ne possèdent pas d'autres groupes. Il y a plusieurs espèces de baleines et de dauphins.

Évent Narine modifiée située sur le sommet de la tête des cétacés.

Extinction Mort de tous les membres d'une espèce.

Fanon Lame noire et effilochée qui pend de la mâchoire supérieure des baleines. Les fanons servent à filtrer la nourriture contenue dans l'eau de mer.

Mammifères marins Mammifères dépendant du milieu marin pour vivre.

Ils nagent tous sous l'eau mais doivent revenir respirer en surface.

Migration Voyage qu'effectuent les cétacés pour trouver davantage de nourriture ou un endroit abrité où se reproduire, souvent en fonction des saisons.

Nageoire dorsale Nageoire située sur le dos des cétacés.

Pinnipède Nom scientifique donné aux mammifères marins carnivores ayant deux nageoires à la place des pattes arrière. Les phoques, les otaries et les morses sont des pinnipèdes.

Souffle Jet d'air et d'eau que produisent les cétacés lorsqu'ils reviennent à la surface et ouvrent leur évent.

Index

Crédits photographiques

L'éditeur remercie les personnes suivantes de l'avoir autorisé à reproduire leurs photographies :
b = bas ; c = centre ; d = droite ; g = gauche ; h = haut ; f = fond

alamy.com : Bryan et Cherry Alexander Photography 41hd ; **Image State/Martin Ruegner** 12c ; **Heather Angel/Natural Visions : Tony Martin** 45bd ; **Ardea London Ltd : Jean-Paul Ferrero** 23bd ; **Francois Gohier** 3d, 4b, 6bd, 44c, 46h ; **Ken Lucas** 39cg ; **D. Parer et E. Parer-Cook** 26b ; **Ron et Valerie Taylor** 22bg ; **Bruce Coleman Inc : Mark Newman** 41hg ; **Phillip Colla/ OceanLight.com :** 10hg, 11hc, 11hd, 11cg, 17hg, 17hd, 22hg, 31hd, 34bg ; **Corbis : Ralph A. Clevenger** 34f ; **Brandon D. Cole** 20c ; **Peter Johnson** 5hd, 16hg ; **Joe McDonald** 35hd ; **Amos Nachoum** 27cd ; **Richard T. Nowitz** 24c ; **Jeffrey L. Rotman** 9c, 19bd, 29bd ; **Ron Sanford** 16b ; **Kevin Schafer** 5bd, 33hd, 33bd ; **Stuart Westmorland** 10b ; **Getty Images :** 1c, 4c, 7bd, 10hg, 18b, 19hd, 20b, 27hd, 38c, 40b ; **National Geographic/Robert Rosing** 33g ; **Greenpeace Inc :** 43bd ; **Hunstanton Sea Life Centre :** 34c ; **Natural History Museum :** 39hd ; **Nature Picture Library : Doug Allan** 2h, 15hd ; **Peter Bassett** 35bd ; **Brandon Cole** 18c ; **Jeff Foott** 32c ; **Martha Holmes** 43hd ; **Todd Pusser** 13cd, 39b ; **Tom Walmsley** 8hg ; **Doc White** 6h ; **Seapics.com : Bryan et Cherry Alexander** 42c ; **Robin W.Baird** 15g ; **Drew Bradley** 21hg ; **Phillip Colla** 30bg ; **Bob Cranston** 8b ; **Goran Ehlme** 23hd ; **John K. B. Ford/Ursus** 39hd ; **Armin Maywald** 13hg ; **Hiroya Minakuchi** 26c ; **Michael S. Nola** 13b ; **Doug Perrine** 13hd, 28g, 29bg, 29h, 34hg, 34b, 35c, 35bd ; **Robert L. Pitman** 5cg ; **Masa Ushioda** 11cb, 20hg, 21bg, 48 ; **Doc White** 31c, 40hg ; **S.M.R.U :** 15bd ; **Still Pictures : Mark Cawardine** 10hd ; **Michael Sewell** 41bd ; **University Museum of Zoology, Cambridge :** 14h.
Les images de la baleine à bosse sont publiées avec l'aimable autorisation du N MFS scientific research (permis 882). Phillip Colla/Hawaii Whale Research Foundation.
Couverture : 1er plat, bandeau de gauche à droite : Image Bank/Getty Images, Kevin Schafer/Corbis, Kevin Schafer/Corbis, Stone/Getty Images, Taxi/Getty Images, DK ; 1er plat : Taxi/Getty Images ; dos : seapics h ; **4e plat : Stone/Getty Images** h, **National Geographic/Nick Caloyianis/Getty Images** hg, **Photodisc Blue/Getty Images** cg, **Gary Bell/zefa/Corbis** cbg, **Brandon D. Cole** bg, **National Geographic/Chris Johns** hd, **Stone/Getty Images** cd, cd.